Alfred Žari
KRALJ IBI ILI POLJACI

REČ I MISAO
KNJIGA 523

Urednik
JOVICA AĆIN

S francuskog prevela
IVANKA PAVLOVIĆ

ALFRED ŽARI

KRALJ IBI
ILI
POLJACI

Drama u pet činova

IZDAVAČKO PREDUZEĆE „RAD"
BEOGRAD

Izvornik

Alfred Jarry
UBU ROI ou LES POLONNAIS

LICA

Otac Ibi
Majka Ibi
Kapetan Bordir
Kralj Venceslav
Kraljica Rozamunda
Boleslav
Ladislav
Bugrelav
General Laši
Stanislav Leščinski
Jan Sobjeski
Nikola Renski
Car Aleksej
Žiron
Pil
Kotis
Zaverenici i vojnici

Narod
Mihajlo Fjodorović
Plemići
Sudije
Savetnici
Finansijeri
Finansi
Seljaci
Cela Ruska armija
Cela Poljska armija
Garda Majke Ibi
Jedan kapetan
Medved
Finansijski konj
Giljotina
Ekipaž
Komandant

PRVI ČIN

SCENA I

Otac Ibi, Majka Ibi

OTAC IBI: Gomnarija.

MAJKA IBI: Lepo, bogami, čika-Ibi, dobra ste mi vi bitanga.

OTAC IBI: Uh, što li te ne zadavim, majko Ibi.

MAJKA IBI: Ne mene, tata-Ibi, nekog drugog bi valjalo ubiti.

OTAC IBI: E sveće mi za dušu, ne razumem.

MAJKA IBI: Kako, oče Ibi, i ti si mi zadovoljan svojom sudbinom?

OTAC IBI: Da mu sunašce jarko, gospođo, dabogme da sam zadovoljan. A kako i ne bih, dragonski kapetan, čovek od poverenja kralja Venceslava, sa ordenom poljskog Crvenog orla na prsima i bivši kralj Aragonije, šta bi htela više?

MAJKA IBI: Kako? Bio si kralj Aragonije, a sad ti je dosta da vodiš na paradu pedesetak vojničina naoružanih secikupusima, a mogao bi da na tu svoju ćupu natakariš posle aragonske sad i poljsku krunu.

OTAC IBI: Vala, majko Ibi, baš ništa od tog tvog ne razumem.

MAJKA IBI: Uh, nije da si glup...

OTAC IBI: Ma, sunašca mi jarkog, kralj Venceslav je još živ i zdrav, a čak i da umre, zar nema čitavu vojsku dečurlije...

MAJKA IBI: A ko bi ti smetao da pokolješ celu familiju i da sedneš na njihovo mesto?

7

OTAC IBI: Ehej, majko Ibi, vi mene vređate, i može da vam se desi da vas na ražanj nataknem.

MAJKA IBI: E, nesretniče moj, ako mene na ražanj natakneš, ko će gaće da ti krpi?

OTAC IBI: Jes', istina je. Pa šta? Kao da mi guzica nije kao u drugih ljudi?

MAJKA IBI: Da sam na tvom mestu, ja bih gledala da tu guzicu na neki presto posadim. Mogao bi beskonačno da uvećaš svoje imanje, da jedeš džigernjače do mile volje i u kočijama da se voziš ulicama.

OTAC IBI: Da sam kralj, dao bih da mi naprave veliki šešir, kao onaj što sam ga imao u Aragoniji, pa mi ga ove mangupčine španjolske bez zazora ukradoše.

MAJKA IBI: Mogao bi da nabaviš i kišobran, i kabanicu koja bi ti do peta dosezala.

OTAC IBI: Uh, uh, padam u iskušenje. Bokca mu božjeg, božjeg mu bokca, ako li mi samo padne šaka negde u šumi, loše će se provesti.

MAJKA IBI: Eto, tata-Ibi, sad si pravi čovek!

OTAC IBI: A ne! Zar ja, dragonski kapetan, da smrsim konce kralju Poljske. Radije u smrt!

MAJKA IBI *(za sebe):* Uh, bestraga mu glava! *(Glasno.)* Znači, da ostaneš siromah kao crkveni miš, oče Ibi?

OTAC IBI: Ma više volim, slavu mu veselu, da budem mršavi pošteni crkveni miš nego bogat kao ugojeni lopov-mačor.

MAJKA IBI: A šešir? A kišobran? A kabanica?

OTAC IBI: Pa šta s tim, majko Ibi?

Odlazi zalupivši vratima.

MAJKA IBI *(sama):* Pih, gomnar, teško je bilo slomiti ga, ali ipak, pačavra jedna, mislim da sam ga pokolebala. Zahvaljujući bogu i mojoj mudroj glavi, možda ću za osam dana biti kraljica Poljske...

8

SCENA II

Scena predstavlja sobu u kući oca Ibija gde je postavljena raskošana trpeza

Otac Ibi, Majka Ibi

MAJKA IBI: Naši su gosti mnogo zadocnili.

OTAC IBI: Jest', sveće mi za dušu. Crkavam od gladi. Majko Ibi, mnogo si ružna danas. To si se za goste spremila?

MAJKA IBI *(Sleže ramenima):* Gomnaru!

OTAC IBI *(Zgrabi pečeno pile):* E baš sam ogladneo. Zagrišću ovu ptičicu. Nije loša.

MAJKA IBI: Šta to radiš, nesrećniče? A šta će gosti da jedu?

OTAC IBI: Biće i za njih. Ništa više neću da diram. Majko Ibi, de, pogledaj kroz prozor idu li nam gosti.

MAJKA IBI *(ide):* Nikog ne vidim.

> *Za to vreme otac Ibi ukrade parče teletine.*

MAJKA IBI: A, evo kapetana Bordira i njegovih drugara, dolaze. Šta to jedeš, oče Ibi?

OTAC IBI: Ništa, parčence teletine.

MAJKA IBI: Teletinu, teletinu, teletinu! Pojeo je teletinu, u pomoć!

OTAC IBI: Sunca mi jarkog, iskopaću ti oči.

> *Otvaraju se vrata.*

SCENA III

Otac Ibi, Majka Ibi, kapetan Bordir i njegove pristalice

MAJKA IBI: Dobar dan, gospodo, čekamo vas nestrpljivo. Sedite.

KAPETAN BORDIR: Dobar dan, gospođo. Ali gde je otac Ibi?

OTAC IBI: Evo me, evo me! Do vraga, sveće mi, bar ja sam dosta krupan.

KAPETAN BORDIR: Dobar dan, oče Ibi. Sedite ljudi.

Svi sedaju.

OTAC IBI: Uf, zamalo da propadnem kroz stolicu.

KAPETAN BORDIR: E, pa, mama-Ibi, šta ste nam lepo spremili danas?

MAJKA IBI: Evo jelovnika

OTAC IBI: E, to bih i ja da znam.

MAJKA IBI: Poljska čorba, pacovska rebra, teletina, piletina, kučeća pašteta, ćureće trtice, ruska torta...

OTAC IBI: A sad dosta, rekao bih. Ima li još?

MAJKA IBI *(nastavlja):* Sladoled, salata, voće, kolači, kaša, praziluk, govnjivi karfiol.

OTAC IBI: Šta misliš, da sam ja persijski car, pa toliko trošiš?

MAJKA IBI: Ne slušajte ga, malo je blesav.

OTAC IBI: Ma, naoštriću ja zube o vaše listove.

MAJKA IBI: Bolje jedi, tata-Ibi, evo poljske čorbe.

OTAC IBI: Uh, ala je ovo grozno.

KAPETAN BORDIR: Zaista nije najbolje.

MAJKA IBI: Nekrsti jedni, šta biste hteli?

OTAC IBI *(Udari se po čelu.):* Oh, setio sam se. Sad ću da se vratim.

Izlazi.

MAJKA IBI: Gospodo, sad ćemo probati teletinu.

KAPETAN BORDIR: Odlična je, dosta mi je.

MAJKA IBI: A sad na trticu.

KAPETAN BORDIR: Izvrsno, izvrsno! Živela mama Ibi.

SVI: Živela mama Ibi-i-i-i!

OTAC IBI *(ulazi):* A sad ćete svi da viknete živeo čiča Ibi.

> *Drži nepojmljivo ogavnu metlu u ruci i baca je na gozbu.*

10

MAJKA IBI: Bedniče, šta učini?
OTAC IBI: De, probajte!

Neki od njih probaju i padaju otrovani.

OTAC IBI: Mama-Ibi, daj pacovske kotlete da poslužim.
MAJKA IBI: Evo ih.
OTAC IBI: Napolje, svi napolje! Kapetane Bordire, treba
da razgovaramo.
OSTALI: Nismo večerali.
OTAC IBI: Kako niste! Napolje svi! Ostanite, Bordire.

Niko se ne miče.

OTAC IBI: Još niste otišli? Sreće mi, pobiću vas pacov-
skim rebarcima.

Počinje da ih baca.

SVI: Jao! uh! U pomoć! branite se! Kuku, mrtav sam!
OTAC IBI: Gomnari, gomnari! gomnari! Napolje! Efekat
je tu!
SVI: Spasavaj se ko može! Oče Ibi, gade jedan! Izdajice!
Bedniče! Mangupe!
OTAC IBI: Odoše. Da odahnem. Ali slabo sam večerao.

Izlaze sa majkom Ibi.

SCENA IV

Otac Ibi, Majka Ibi, kapetan Bordir

OTAC IBI: Pa, kapetane, jeste li dobro večerali?
KAPETAN BORDIR: Vrlo dobro, izuzev onih govana, go-
spodine.
OTAC IBI: Eh, ni ona nisu bila loša.
MAJKA IBI: Razni su ukusi.
OTAC IBI: Kapetane Bordire, rešio sam da vas imenujem
knezom Litvanije.

11

KAPETAN BORDIR: Kako to, mislio sam da ste poslednji bednik, oče Ibi?

OTAC IBI: Za koji dan, ako se slažete, vladaću Poljskom.

KAPETAN BORDIR: Ubićete Venceslava.

OTAC IBI: Eh, nije glup, mangupčina, pogodio je.

KAPETAN BORDIR: Ako treba ubiti Venceslava, vaš sam čovek. Ja sam mu smrtni neprijatelj i odgovaram za svoje ljude.

OTAC IBI *(Baca se na njega da bi ga poljubio.):* O, o, baš vas volim, Bordire.

KAPETAN BORDIR: Uh, al' smrdite, tata-Ibi. Zar se baš nikad ne perete?

OTAC IBI: Retko.

MAJKA IBI: Nikad.

OTAC IBI: Kad te nagazim!

MAJKA IBI: Debela pačavro.

OTAC IBI: Idite, Bordire, s vama sam svršio. Ali sunašca mi jarkog, tako mi majke Ibi, kunem se da ću vas načiniti knezom Litvanije.

MAJKA IBI: Ali...

OTAC IBI: Ćuti, milo dete...

Izlaze.

SCENA V

Otac Ibi, Majka Ibi, jedan glasnik

OTAC IBI: Gospodine, šta sad hoćete? Gubite se, zamarate me.

GLASNIK: Gospodine, vas poziva kralj.

Izlazi.

OTAC IBI: Uh, pobogu, do vraga, sunca mi, otkrili su me, skinuće mi glavu, vaj, vaj, meni.

MAJKA IBI: Kakav mekušac, a vreme prolazi.

OTAC IBI: A-ha, setio sam se: reći ću da je to maslo majke Ibi i Bordira.

MAJKA IBI: Ti si stoka debela ako to uradiš.

OTAC IBI: E, evo me idem.

Izlazi.

MAJKA IBI: Oh, oče Ibi, daću ti krvavice.

OTAC IBI *(u kulisama):* Bestraga ti glava, ti si krvavica, krvave ti ruke do lakata.

SCENA VI

Kraljev dvor

Kralj Venceslav, okružen oficirima, Bordir, kraljevi sinovi: Boleslav, Ladislav, Bugrelav, zatim Ibi

OTAC IBI *(ulazi):* Oh, nisam ja, bogami, to su majka Ibi i Bordir.

KRALJ: Šta je, oče Ibi?

KAPETAN BORDIR: Prepio je.

KRALJ: Kao i ja od jutros.

OTAC IBI: Jeste, napio sam se, pio sam mnogo francuskog vina.

KRALJ: Hoću, oče Ibi, da te nagradim za mnogobrojne zasluge u vojsci kao konjičkog kapetana i imenujem te danas grofom od Sandomira.

OTAC IBI: O, gospodine Venceslave, ne znam kako da vam zahvalim.

KRALJ: Ne zahvaljuj mi, oče Ibi, i budi sutra ujutro na velikoj paradi.

OTAC IBI: Biću, ali primite, preklinjem vas, ovu perecu.

Pruža kralju perecu.

KRALJ: Šta će meni pereca? Daću je Bugrelavu.

MLADI BUGRELAV: Al' je glup ovaj otac Ibi.

OTAC IBI: A, sad se gubim. *(Padne okrećući se.)* Uh, jao, upomoć! Sveca mi, iziđoše mi creva i skrhah vrat.

KRALJ: *(Podiže ga.):* Oče Ibi, jeste li se povredili?

13

OTAC IBI: I te kako, sigurno ću sad da crknem. Šta će biti s majkom Ibi?

KRALJ: Mi ćemo se pobrinuti za njeno izdržavanje.

OTAC IBI: Baš imate dobrote napretek. *(Izlazi.)* Al' ipak će da ti ode glava, kralju Venceslave!

SCENA VII

Ibijeva kuća

Žiron, Pil, Kotis, Otac Ibi, Majka Ibi, zaverenici i vojnici, kapetan Bordir

OTAC IBI: E, pa prijatelji moji, krajnje je vreme da utvrdimo plan zavere. Da, nek svaki kaže svoje mišljenje. Ja ću prvi da iznesem šta mislim, to jest ako dozvoljavate?

KAPETAN BORDIR: Govorite, oče Ibi.

OTAC IBI: Eto, prijatelji, ja mislim da mi-prosto otrujemo kralja, da mu natrpamo arsenika u jelo. A kad ga pojede, pašće mrtav i ja ću onda da postanem kralj.

SVI: Fuj, lešinar.

OTAC IBI: E, a šta? Ne dopada vam se? Onda neka Bordir kaže svoje.

KAPETAN BORDIR: Ja mislim da ga odalamimo mačem i raspolutimo od glave do pasa.

SVI: E, ovo je hrabro i plemenito.

OTAC IBI: Jes', a ako stane da se rita nogama? Sad sam se prisetio da za paradu nosi gvozdene čizme, kad bi te njom udario, nije da bi zabolelo. Da znam da će tako, otrčao bih sve da vas prijavim, pa da se izvučem iz ovog sosa. A možda bi mi onda dao i koju paru.

MAJKA IBI: Uh, izdajice, kukavice, gade, bedni jadu.

SVI: Ua, za oca Ibija!

OTAC IBI: E-he, gospodo, pazite šta radite ako imate nameru da mi uđete u džep. Najzad, pristajem da se

14

izložim opasnosti zbog vas. Znači, Bordire, ti uzimaš na sebe da rasporiš kralja.

KAPETAN BORDIR: Zar ne bi bilo bolje da se svi bacimo na njega sa hukom i drekom? Tako bismo možda povukli i vojsku za sobom.

OTAC IBI: E, pa lepo, ja ću gledati da ga nagazim, on će da se buni, a ja ću onda njemu: Gomnaru! I na taj znak vi ćete da se bacite svi na njega.

MAJKA IBI: Da, a čim on bude mrtav uzećeš mu skiptar i krunu.

KAPETAN BORDIR: A ja ću sa svojim ljudima da gonim kraljevsku porodicu.

OTAC IBI: Da. Skrećem ti pažnju na mladog Bugrelava.

Izlaze.

OTAC IBI *(Trči za njima.):* Gospodo, zaboravili smo neophodni čin, treba da se zakunemo da ćemo se hrabro boriti.

KAPETAN BORDIR: A kako ćemo kad nemamo popa!

OTAC IBI: Majka Ibi će izigravati popa.

KAPETAN BORDIR: Pa dobro, neka bude.

OTAC IBI: Dakle, zaklinjete se da ćete valjano ubiti kralja?

SVI: Kunemo se, živeo otac Ibi!

15

DRUGI ČIN

SCENA I

Kraljev dvor

Venceslav, kraljica Rozamunda, Boleslav, Ladislav,
Bugrelav

KRALJ: Gospodine Bugrelave, bili ste jutros vrlo neučtivi
prema gospodinu Ibiju, vitezu moga reda i grofu od
Sandomira. Zato vam zabranjujem da prisustvujete
paradi.

ROZAMUNDA: Ali, Venceslave, cela će vam porodica biti
potrebna ako dođe do toga da se branite.

KRALJ: Gospođo, kraljevska se ne poriče, i ne zamarajte
me svojim glupostima.

MLADI BUGRELAV: Pokoravam se, gospodine oče.

KRALJICA: Ali, sire, zar i dalje ostajete pri tome da idete
na paradu?

KRALJ: A što ne bih, gospođo?

KRALJICA: Opet vam kažem da sam ga videla u snu kako
vas udara buzdovanom i baca vas u Vislu i da mu
orao, kao što je onaj na poljskom grbu, stavlja krunu
na glavu.

KRALJ: Ma kome to?

KRALJICA: Ocu Ibiju.

KRALJ: Kakva ludost. Gospodin od Ibija je vrlo pošten
plemić i pre bi dao da ga konjima na repove rastrgnu
no što bi izdao.

KRALJICA i BUGRELAV: Ah, kako grešite!

16

KRALJ: Ćutite, mladi lešinaru. A vama, gospođo, da bih dokazao kako se malo plašim gospodina Ibija, otići ću na paradu ovako kako me vidite, bez oružja i bez mača.
KRALJICA: O, kobne li neopreznosti, nikad vas živa neću videti.
KRALJ: Hajde, Ladislave, hajde, Boleslave.

Izlaze. Kraljica i Bugrelav prilaze prozoru.

SCENA II

Polje za paradu

Poljska vojska, kralj, Boleslav, Ladislav, Kralj Ibi,
Kapetan Bordir i njegovi ljudi, Žiron, Pil, Kotis

KRALJ: Plemeniti oče Ibi, hodite kraj mene sa svojom svitom da obiđemo trupe.
OTAC IBI *(svojima):* Pazite sad, ej vi. *(Kralju.)* Idemo, gospodaru, idemo.

Ibijevi ljudi opkoljavaju kralja.

KRALJ: Aha, evo puka gardijske konjice iz Danciga. Baš su lepi, bogami.
OTAC IBI: Mislite? Meni se čine jadni. Pogledajte ovoga. *(Vojniku.)* Otkad se nisi umio, prljavi mangupe.
KRALJ: Ali ovaj je vojnik vrlo čist. Ma šta vam je, oče Ibi?
OTAC IBI: Evo ti, na!

Zgazi ga.

KRALJ: Bedniče!
OTAC IBI: Bokca ti! Hej, ljudi, ovamo!
KAPETAN BORDIR: Ura, juriš!

Svi udaraju kralja, jedna kubura plane.

KRALJ: O, u pomoć! Sveta majko božja, umirem.
BOLESLAV *(Ladislavu):* Šta je to? Da izvučemo mačeve?

17

OTAC IBI: E, uzeh krunu! A sad na ostale.
KAPETAN BORDIR: Smrt izdajicama!

Kraljevi sinovi beže, svi ih gone.

SCENA III

Kraljica i Bugrelav

KRALJICA: Sad mi je malo lakše.
BUGRELAV: Nemate nikakvog razloga za strah. *(Čuje se užasna dreka spolja.)* Ah, šta to vidim? Moju braću gone otac Ibi i njegovi ljudi.
KRALJICA: O, Gospode, o sveta Bogorodice, uzmiču, uzmiču...
BUGRELAV: Čitava je vojska sa ocem Ibijem. Kralja više nema. Užas. U pomoć!
KRALJICA: Evo, Boleslav gine. Pogodio ga je metak.
BUGRELAV: Ej! *(Ladislav se okreće.)* Brani se, ura, Ladislave.
KRALJICA: Opkolili su ga.
BUGRELAV: Svršeno je s njim. Bordir ga je posekao nadvoje kao kobasicu.
KRALJICA: Ah, vaj, pobesnela rulja prodire u dvor, penje se stepenicama.

Dreka je jača.

KRALJICA i BUGRELAV *(na kolenima):* Gospode, branite nas.
BUGRELAV: Uh, kad bi mi taj otac Ibi, taj bednik, ta vucibatina, pao šaka.

SCENA VI

Isti, razvaljena su vrata Otac Ibi i njegovi prodiru unutra

OTAC IBI: E, Bugrelave, a šta ćeš sad?
BUGRELAV: Bože pomozi, braniću majku od smrti. Prvi koji priđe ma i korak, pašće mrtav.

OTAC IBI: Uh, Bordire, strah me je. Pusti me da odem.
VOJNIK *(Prilazi.):* Predaj se, Bugrelave.
BUGRELAV: Evo ti, mangupe, evo ti ono što zaslužuješ.

Raspoluti mu glavu.

KRALJICA: Ne daj se, Bugrelave, ne daj se.
NEKOLICINA *(Prilaze.):* Bugrelave, obećavamo ti život.
BUGRELAV: Mangupčine, pijandure, plaćenici, lešinari.

Vitla mačem i sve ih pokosi.

OTAC IBI: Ma, doakaću ja njemu ipak.
BUGRELAV: Majko, beži tajnim stepenicama.
KRALJICA: A ti, sine moj, a ti?
BUGRELAV: I ja ću za tobom.
OTAC IBI: Gledajte da uhvatite kraljicu. Gde, pobegla je.
Ma, čekaj, ti, bedniče.

Prilazi Bugrelavu.

BUGRELAV: Bože, pomozi, evo moje osvete. *(Raspori mu prsluk strahovitim udarcem mača.)* Majko, evo me za tobom.

Iščezava tajnim stepeništem.

SCENA V

Pećina u planini
Ulazi mladi Bugrelav, a za njim Rozamunda

BUGRELAV: E, ovde smo sigurni.
KRALJICA: Da, nadam se, Bugrelave, pridrži me.

Ona pada na sneg.

BUGRELAV: O, šta to je majko?
KRALJICA: Mnogo mi je zlo, veruj mi, Bugrelave. Ostaje mi još sat-dva života.

BUGRELAV: Šta je, da nisi nazebla?

KRALJICA: Kako bih mogla da izdržim tolike nesreće? Kralj ubijen, porodica razorena, a ti, predstavnik najplemenitije loze koja je ikad mač nosila, moraš da bežiš u planinu kao švercer.

BUGRELAV: I ko me goni, gospode, ko? Jedan otac Ibi, prostačina, avanturista došao ko zna otkuda, pokvarenjačina, sramna skitnica! Kad samo pomislim da ga je moj otac odlikovao i dao mu grofovsku titulu, a on se, bestidnik, drznuo da koliko sutra digne ruku na njega.

KRALJICA: O, Bugrelave, kad se samo setim kako bejasmo srećni do dolaska tog oca Ibija. A sad, avaj, sve se promenilo.

BUGRELAV: E, šta ćeš! Čekajmo, nadajmo se i ne odustajmo nikako od svojih prava.

KRALJICA: Od srca ti to želim, drago dete, ali ja neću doživeti taj srećni dan.

BUGRELAV: Šta ti je? Ona bledi, pada? U pomoć! Ali ja sam u pustinji. O bože, srce joj je stalo. Umrla je. Zar je moguće? Još jedna žrtva oca Ibija. *(Pokriva lice i plače.)* O, bože moj! Kako je tužno biti sam na svetu u petnaestoj godini sa užasnom osvetom pred sobom.

Pada kao plen najcrnjeg očajanja. Za to vreme duše Venceslava, Boleslava, Ladislava, Razmunde, ulaze u pećinu u pratnji njihovih predaka i ispunjavaju pećinu. Najstariji prilazi Bugrelavu i blago ga budi.

BUGRELAV: E, šta to vidim? Cela moja porodica moji preci... Kakvo je to čudo?

SEN: Znaj, Bugrelave, da sam ja za života bio gospodar Matija od Kenisberga, prvi kralj i osnivač dinastije. U tvoje ruke predajem našu osvetu. *(Dajte mu veliki mač.)* A ovaj mač nek se ne smiruje dok ne nanese smrtni udarac uzurpatoru.

Svi nestaju i Bugrelav ostaje sam u ekstazi.

SCENA VI

Kraljevski dvor

Otac Ibi, Majka Ibi, kapetan Bordir

OTAC IBI: Ne, ja neću. Hoćete do prosjačkog štapa da me dovedete zbog tih izelica.

KAPETAN BORDIR: Ali, zaboga, oče Ibi, zar ne vidite da narod čeka čast za srećan događaj!

MAJKA IBI: Ako ne razdeliš meso i zlato, svrgnuće te za dva sata.

OTAC IBI: Meso može, ali zlato ne dam. De, zakoljite tri rage, za te lešinare je i to dobro.

MAJKA IBI: Sam si lešinar. Ma ko me usreći ovakvom životinjom?

OTAC IBI: I opet vam kažem, hoću da se obogatim, ne dam ni pare.

MAJKA IBI: Kad čovek drži u rukama sva blaga Poljske!

KAPETAN BORDIR: Da, znam da u kapeli ima ogromna riznica, razdelićemo je.

KRALJ IBI: Teško tebi ako samo pokušaš.

KAPETAN BORDIR: Ali, oče Ibi, ako ne budeš delio, narod neće hteti da plaća porez.

OTAC IBI: Ma, je li to istina?

MAJKA IBI: Jeste, jeste.

OTAC IBI: E, onda pristajem na sve. Skupite tri miliona, ispecite sto pedeset volova i ovnova, he, biće tu i za mene zalogaj.

Izlaze.

SCENA VII

Ispred kraljevskog dvora silan narod

Otac Ibi sa krunom, Majka Ibi, kapetan Bordir,
sluge nose meso

NAROD: Živeo kralj, živeo kralj, ura.

OTAC IBI *(Baca zlato.):* Evo vam. Nije mi baš milo da
vam dajem pare, ali, znajte, majka Ibi je tako rekla.
Obećajte mi bar da ćete uredno plaćati porez.

NAROD: Hoćemo, hoćemo.

KAPETAN BORDIR: Pogledajte, majko Ibi, kako se tuku
oko zlata. Prava bitka.

MAJKA IBI: Istina je, baš je strašno. Fuj! Gle, jednom su
raspolutili glavu.

OTAC IBI: Divan prizor! Dajte ovamo još tri sanduka zla-
ta.

KAPETAN BORDIR: Kako bi bilo da napravimo trku?

OTAC IBI: E, to ti je dobro! *(Narodu.)* Prijatelji, vidite li
ovaj sanduk zlata, u njemu je tri stotine hiljada ceki-
na poljskog novca dobre mere. Oni koji hoće da se
takmiče, neka stanu tamo na kraj dvorišta. Poći ćete
kad mahnem maramicom i prvi će dobiti sanduk. A
za one koji ne dobiju, evo drugog sanduka, to je ute-
šna nagrada, to ćemo im razdeliti.

SVI: A, živeo otac Ibi! Kako je to dobar kralj! Toga nije
bilo za Venceslava.

OTAC IBI: *(majci Ibi):* Slušaj ih.

> *Sav se narod poređa na kraju dvori-*
> *šta.*

OTAC IBI: Jedan, dva, tri, spremni?

SVI: Jesmo, jesmo.

OTAC IBI: Start!

> *Oni potrče gurajući se i prevrćući se.*
> *Vika i gužva.*

KAPETAN BORDIR: Približavaju se, približavaju se!

OTAC IBI: Eh, prvi zaostaje.
MAJKA IBI: Ne, ne, izbija sad napred.
KAPETAN BORDIR: Oh, zaostaje, zaostaje, drugi stiže.

Onaj koji je bio drugi stiže prvi.

SVI: Živeo Miša Fjodorović, živeo Miša Fjodorović!
MIŠA FJODOROVIĆ: Ne znam kako da zahvalim Vašem Veličanstvu...
OTAC IBI: Dragi prijatelju, nije to ni pomena vredno. Nosi kući sanduk, Mišo, a vi ostali uzmite svaki redom po cekin dok ih ima.
SVI: Živeo Miša Fjodorović, živeo otac Ibi.
OTAC IBI: A sad, prijatelji, hodite da večeramo. Otvaram vam danas vratnice dvorske, učinite mi čast i sedite za moju trpezu.
NAROD: Hajdemo, hajdemo, živeo otac Ibi, najplemenitiji od svih kraljeva.

Svi ulaze u dvor. Čuje se buka orgije koja se produžava do sutra. Pada zavesa.

TREĆI ČIN

SCENA I

Dvor

Otac Ibi, Majka Ibi

OTAC IBI: E, sunca mi jarkog, gde postadoh kralj ove zemlje. Već sam pretovario stomak, a sad će da mi donesu i veliki šešir.

MAJKA IBI: A od čega je, oče Ibi? Jer, lepo jeste biti kralj, ali treba i prištedeti, mada smo vladari.

OTAC IBI: Gospođo, ženko moja, šešir je od ovčje kože sa kopčom i trakama od kučeće kože.

MAJKA IBI: Baš je to lepo, ali još je lepše biti kralj.

OTAC IBI: Jeste, imaš pravo, majko Ibi.

MAJKA IBI: Dugujemo veliku zahvalnost knezu od Litvanije.

OTAC IBI: Šta reče, kome?

MAJKA IBI: Pa, kapetanu Bordiru.

OTAC IBI: Molim te, majko Ibi, ne pominji mi tu izelicu. Sad, kad mi više ne treba, može da zapiše u odžak, neće ni omirisati svoju kneževinu.

MAJKA IBI: Grešiš, mnogo grešiš, oče Ibi. Okrenuće se protiv tebe.

OTAC IBI: Uh, da neću da plačem za tim jadnikom, baš me briga za njega, toliko koliko i za Bugrelava.

MAJKA IBI: A šta misliš, da si svršio sa Bugrelavom?

OTAC IBI: Poreske mi sablje, jesam, dabogme. Šta mi može to vašljivo derište od četrnaest godina.

24

MAJKA IBI: Oče Ibi, pazi šta ću da ti kažem. Poslušaj me, gledaj da pridobiješ Bugrelava svojom dobrotom.

OTAC IBI: Šta, opet da daješ pare? A, to nikako, već ste mi stuckali dvadeset dva miliona.

MAJKA IBI: Radi kako hoćeš, oče Ibi, ali ćeš se opeći.

OTAC IBI: Ako je do pečenja, ti ćeš biti sa mnom na istom ražnju.

MAJKA IBI: Slušaj, opet ti kažem da će mladi Bugrelav pobediti, pravda je na njegovog strani.

OTAC IBI: Uh, đubre jedno, kao da krivda nije jaka koliko i pravda? Ma, ti me. vređaš, majko Ibi, sad ću da ti pokažem.

Majka Ibi beži, a otac Ibi je juri.

SCENA II

Velika dvorana u dvoru.

Otac Ibi, Majka Ibi, oficiri i vojnici, Žiron, Pil, Kotis, okovani plemići, finansijeri, sudije, pisari

OTAC IBI: Dajte sanduk za plemiće i kuku za plemiće i nož za plemiće i knjigu za plemiće, a potom uvedite plemiće.

Grubo guraju plemiće.

MAJKA IBI: Pobogu, umeri se, oče Ibi.

OTAC IBI: Imam čast da vam obznanim da ću u cilju bogaćenja kraljevine da poubijam sve plemiće i da im pouzimam imanja.

PLEMIĆI: O užasa, u pomoć, narode, vojsko.

OTAC IBI: Dajte prvog plemića i dajte mi kuku za plemiće. Osuđene na smrt ću da gurnem u rupu, pašće u podrum. Svinjo-kuka i Sobe-za-pare i tu će im prosuti mozak. *(Plemiću.)* Ko si ti, izelice?

PLEMIĆ: Grof od Vitepska.

OTAC IBI: Koliki su ti prihodi?

PLEMIĆ: Tri miliona riksdala.

OTAC IBI: Osuđen!

Dohvati ga kukom i gurne u rupu.

MAJKA IBI: Kakva odvratna surovost!

OTAC IBI: Drugi plemiću, ko si ti? Hoćeš li da odgovaraš, izelice?

PLEMIĆ: Veliki knez Poznanjski.

OTAC IBI: Odlično, odlično! Ništa mi više ne treba. U rupu! *(Udarac.)* Treći plemić, ko si ti? Uh, al' imaš gadnu njušku.

PLEMIĆ: Knez od Kurlandije, gradova Rige, Ravela i Mitaua.

OTAC IBI: Vrlo dobro, vrlo dobro! Nemaš ništa više?

PLEMIĆ: Ništa.

OTAC IBI: Onda u rupu. Četvrti plemiću, ko si ti?

PLEMIĆ: Princ od Podolije.

OTAC IBI: Koliki su ti prihodi?

PLEMIĆ: Osiromašio sam.

OTAC IBI: Za tu lošu vest, hajde u rupu. Peti plemiću, ko si ti?

PLEMIĆ: Markogrof od Torna, palatin Poloka.

OTAC IBI: Nije mnogo. Nemaš ništa drugo?

PLEMIĆ: To mi je bilo dovoljno.

OTAC IBI: Pa dobro, bolje išta nego ništa. U rupu, prijatelju. Šta sliniš, majko Ibi?

MAJKA IBI: Suviše si surov, oče Ibi.

OTAC IBI: Eh, bogatim se. Sad ću da naredim da se pročita moj spisak mojih dobara. Pisaru, čitaj moj spisak mojih dobara.

PISAR: Grofovija Sandomir.

OTAC IBI: Počni s kneževinama, glupačino.

PISAR: Kneževina Podolija, Velika Kneževina Poznanjska, Vojvodina Kurlandija, Grofovija Sandomir, Grofovija Vitepsk, Palatinat Polok, Markgrofovija Torn.

26

OTAC IBI: I šta još?

PISAR: To je sve.

OTAC IBI: Kako, to je sve? Pa dobro, ovamo plemiće, i kako neću da prestanem da se bogatim, pobiću sve plemiće i tako će sva imanja biti bez gospodara. Hajde, bacite sve plemiće u rupu. *(Trpaju plemiće u rupu.)* Požurite, brže, sad hoću da donosim zakone!

NEKOLIKO NJIH: Baš da vidimo i to.

OTAC IBI: Prvo ću da izvršim reformu pravosuđa, a posle ćemo preći na finansije.

SUDIJE: Protivimo se svakoj promeni.

OTAC IBI: Gomnarija. Prvo, sudije neće više imati platu.

SUDIJE: A od čega ćemo da živimo? Siromašni smo.

OTAC IBI: Od kazni koje budete naplaćivali i od imanja na smrt osuđenih.

SUDIJE: Užas.

DRUGI SUDIJA: Sramno.

TREĆI SUDIJA: Skandalozno.

ČETVRTI SUDIJA: Nečuveno.

SVI: Odbijamo da sudimo pod tim uslovima.

OTAC IBI: Sudije u rupu.

Oni se uzalud otimaju.

MAJKA IBI: Ma, šta to radiš, oče Ibi? Ko će sad izricati pravdu?

OTAC IBI: Gle, pa ja! Videćeš kako će sve da ide kao podmazano.

MAJKA IBI: Da, blago nama.

OTAC IBI: De, de, ćuti, izelice. A sad ćemo, gospodo, da pređemo na finansije.

FINANSIJERI: Nema šta da se menja.

OTAC IBI: kako, ja hoću sve da promenim. Prvo i prvo, hoću za sebe da zadržim polovinu svih poreza.

FINANSIJERI: Samo se ne ustručavajte.

OTAC IBI: Gospodo, ustanovićemo porez od deset odsto na nepokretnosti, drugi na trgovinu i industriju, treći na brak i četvrti na umiranje, svaki od po petnaest franaka.

PRVI FINANSIJER: Ali to je idiotski, oče Ibi.

DRUGI FINANSIJER: Besmisleno.

TREĆI FINANSIJER: Bez glave i repa.

OTAC IBI: Vi mi se rugate! Svi finansijeri u rupu.

Guraju i finansijske stručnjake.

MAJKA IBI: Ali, pobogu, oče Ibi, kakav si ti to kralj, poubija sav svet!

OTAC IBI: Eh, gomnari!

MAJKA IBI: Ni pravosuđe, ni finansije, ništa ne ostade.

OTAC IBI: Ne plaši se ništa, ljupko moje dete, sam ću ići od sela do sela da skupljam porezu.

SCENA III

Seljačka kuća u okolini Varšave, nekoliko seljaka na okupu

PRVI SELJAK: Slušajte, znate šta je novo. Kralj je mrtav, i kneževi, a mladi Bugrelav je pobegao sa majkom u planinu. A osim toga, otac Ibi se dočepao prestola.

DRUGI SELJAK: Ja sam čuo još gore. Dolazim iz Krakova i video sam kako odnose preko tri stotine plemića i pet stotina sudija koje su pobili. Kažu da će da udvostruče poreze i da će otac Ibi doći sam da ih kupi.

SVI: Gospode, šta će biti s nama? Otac Ibi je grozna derikoža, a kažu da mu je i familija užasna.

PRVI SELJAK: Slušajte, reklo bi se da neko kuca.

GLAS *(spolja):* Boga vam seljačkog, sunca mi moga, svetog mi Jovana, svetog mi Petra i svetog Dimitrija, otvarajte, inače ću vas poreskom sabljicom, evo, dolazim za porez.

Razvaljuju se vrata i ulazi otac Ibi sa bandom derikoža.

OTAC IBI: Ko je ovde najstariji? *(Jedan seljak mu prilazi.)* Kako ti je ime?

SELJAK: Stanislav Leščinski.

OTAC IBI: Slušaj, geačino, slušaj dobro, da ti ona gospoda ne bi uši odsekla. Ma, slušaš li me ti?

STANISLAV: Vaša Ekselencija još ništa nije rekla.

OTAC IBI: Otupih zube govoreći. Šta ti misliš, da sam ja došao ovde da vapijem u pustinji?

STANISLAV: Ne dao bog da pomislimo to!

OTAC IBI: Dođoh, dakle, da ti kažem, da ti naredim i saopštim da imaš da vadiš svoje pare, inače ćeš biti posečen. Dede, gospodo zelenaški poreznici, dovozajte finansijsko vozilo.

Doguraju kolica.

STANISLAV: Gospodaru, upisani smo za porez samo za sto pedeset i dva riksdala, koje smo već platili, biće sad šest nedelja, baš o Svetom Mati.

OTAC IBI: Može lako da bude, ali ja sam promenio vladu i objavio sam preko novina da će se plaćati svi porezi dva puta, a tri puta oni koji bi mogli naknadno da se odrede. Takvim sistemom ću se brzo obogatiti, onda mogu da pobijem sve živo i mirno da odem.

SELJACI: Gospodar-Ibi, smilujte nam se, mi smo siromašni.

OTAC IBI: Baš me briga, plaćajte.

SELJACI: Ne možemo, platili smo.

OTAC IBI: Plaćajte, inače ima da vas smotam uz mučenje, sečenje glave i vrata. Bogamu, jesam li kralj ili nisam!

SVI: A tako li je to! Na oružje! Živeo Bugrelav, po milosti božjoj kralj Poljske i Litvanije.

OTAC IBI: Napred, gospodo finansi, vršite svoju dužnost.

Zametne se ljuta bitka, kuća se ruši, Stanislav sam beži kroz polja. Ibi kupi pare.

SCENA V

Kazamat tvrđave u Tornu

Okovani Bordir, Otac Ibi

OTAC IBI: Pa, građanine, evo kako stoje stvari. Hteo si da ti platim što ti dugujem, pa si se pobunio jer ja to nisam hteo, kovao si zaveru, i sad si u ćorki. Finansijskog mi roga, tako ti i treba, i sve je tako lepo izvedeno, da moraš i ti to da priznaš.

KAPETAN BORDIR: Čuvajte se, oče Ibi. Za ovih pet dana otkad ste kralj, počinili ste više ubistava nego što bi trebalo svecima u raju ako hoće da odu u pakao. Krv kralja i plemića vapije za osvetom, a taj će se vapaj čuti.

OTAC IBI: Gle, lepotane moj, dobar jezik imaš. Ne sumnjam da bi bilo komplikacija ako bi pobegao, ali ne verujem da su tornski kazamati pustili ijednog od poštenih mladića koji su im dopali šaka. I zato vam želim laku noć i spavajte mirno, mada pacovi ovde vode kolo.

On izlazi, stražari zaključavaju sva vrata.

SCENA VI

Dvor u Moskvi

Car Aleksije i njegovi dvorani, Bordir

CAR ALEKSIJE: Vi ste taj beščasni pustolov koji se drznuo da saučestvuje u ubistvu našeg brata Venceslava?

BORDIR: Sire, oprostite mi, zaveo me je otac Ibi.

CAR ALEKSIJE: Oh, odvratni lažljivče! Dobro, a šta biste sad hteli?

BORDIR: Otac Ibi me je bacio u tamnicu pod izgovorom da kujem zaveru, uspeo sam da pobegnem i jurio sam na konju pet dana i pet noći kroz stepu, da padnem pred noge i zamolim za vašu milost.

CAR ALEKSIJE: A šta mi donosite kao zalogu vaše vernosti?

KAPETAN BORDIR: Svoj mač pustolova i detaljan plan grada Torna.

CAR ALEKSIJE: Mač primam, ali, svetoga mi Đorđa, spalite taj plan, ne želim da pobedim pomoću izdaje.

KAPETAN BORDIR: Jedan od Venceslavljevih sinova, mladi Bugrelav, još je u životu, sve ću učiniti da ga vratim na presto.

CAR ALEKSIJE: Koji si čin imao u poljskoj vojsci?

KAPETAN BORDIR: Komandovao sam Petim vilnskim dragonskim pukom, i gardijskom četom u službi oca Ibija.

CAR ALEKSIJE: Dobro, dajem ti čin potporučnika u Desetom kozačkom puku i teško tebi ako izdaš. Ako se budeš dobro borio, bićeš nagrađen.

KAPETAN BORDIR: Hrabrost mi ne nedostaje, sire.

CAR ALEKSIJE: Dobro, gubite mi se s očiju.

On izlazi.

SCENA VII

Dvorana Saveta Ibijevog

Otac Ibi, Majka Ibi, finansijski savetnici

OTAC IBI: Gospodo, otvaram sednicu i gledajte da dobro slušate i budete mirni. Prvo ćemo da vidimo finansije, a potom ćemo da razmotrimo jedan mali sistem, koji sam ja izmislio, da se pravi lepo vreme i otera kiša.

PRVI SAVETNIK: Vrlo dobro, gospodine Ibi.

MAJKA IBI: Kakav glupak!

OTAC IBI: Gospođo gomnarko, pazite šta radite, jer neću trpeti vaša lupetanja. Rekoh vam, dakle, gospodo, da

31

finansije idu dosta dobro. Lep broj zelenaških pasa razmili se svakog jutra ulicama, a poreski pokvarenjaci čuda čine. Na sve strane popaljene kuće i ljudi kojima puca grbača pod našim finansijama.

SAVETNIK: A novi porezi, gospodar-Ibi, kako idu?

MAJKA IBI: Nikako. Porez na venčanje doneo je dosad samo deset para, i to je još otac Ibi jurio ljude svuda da ih natera da se venčavaju.

OTAC IBI: Poreske mi sablje, rog ti u trbuh, gospođo poreznikovice, imam ja uši da govorim a vi usta da slušate. *(U dvorani smeh.)* To jest, nije. Zbog vas grešim i zbog vas ispadam glup. *(Ulazi glasnik.)* Šta je sad opet, otkud ovaj? Odlazi, bitango, inače ću da te smotam, otkinem glavu i polomim noge.

MAJKA IBI: Eto, već je izleteo, ali evo i pisma.

OTAC IBI: Čitaj ga, ili gubim glavu ili ne znam da čitam. Požuri, gaduro, to mora da je od Bordira.

MAJKA IBI: Baš od njega. Kaže da ga je car vrlo lepo primio, da će da napadne tvoju državu da bi vratio Bugrelava i da će tebe da ubije.

OTAC IBI: Uh, ih strah me je! Uh, sad ću da umrem, strah me je! O jadan li sam. Šta će biti sa mnom, gospode? Taj zli čovek će da me ubije. Sveti Antonije i svi sveci, čuvajte me, daću vam i pare i sveće ću da vam palim. Gospode, šta će sa mnom biti?

Plače i jeca.

MAJKA IBI: Postoji samo jedno rešenje, oče Ibi.

OTAC IBI: Koje, ljubavi moja?

MAJKA IBI: Rat!

SVI: Hvala bogu! To je junački.

OTAC IBI: Jes', pa opet po meni da pljušti.

PRVI SAVETNIK: Trkom, trkom, da organizujemo vojsku.

DRUGI: I sakupimo zalihe.

TREĆI: I pripremimo artiljeriju i tvrđave.

ČETVRTI: I uzmemo novac za vojsku.

OTAC IBI: A, to, bogami, ne dam. I ubiću te, čuješ li. Ne dam pare. To mi se ne dopada! Pre su me plaćali da ratujem, a sad treba da ratujem za svoje rođene pare. Ne, sunca mi jarkog, da se ratuje, kad ste vi zapeli, ali bez i pare troška.

SVI: Živeo rat!

SCENA VIII

Logor pod Varšavom

Vojnici i kopljanici

VOJNICI: Živela Poljska, živeo otac Ibi!

OTAC IBI: Ah, majko Ibi, daj mi oklop i štapić. Uskoro ću biti toliko natovaren da neću moći ni da maknem, ako nas pojure.

MAJKA IBI: Fuj, kukavice.

OTAC IBI: Uh, gomnarska sablja mi izmiče, a finansijska kuka neće da stoji! Nikad neću biti gotov, a Rusi napreduju, ubiće me.

JEDAN VOJNIK: Gospodar-Ibi, ušne makaze ispadoše.

OTAC IBI: Mlatnuću te gomnarskom kukom i secinožem.

MAJKA IBI: Kako je lep u šlemu i oklopu, reklo bi se naoružana bundeva.

OTAC IBI: A sad ću da se popnem na konja. Dajte, gospodo, finansijskog konja.

MAJKA IBI: Oče Ibi, konj neće moći da te nosi, već pet dana nije ništa jeo i samo što nije lipsao.

OTAC IBI: Ta ti valja! Plaćam dvanaest para dnevno za tu ragu a ona ne može da me nosi. Vi me zavitlavate, roga mi moga, ili me potkradate? *(Majka Ibi pocrveni i obara oči.)* Onda mi dajte drugog konja, ali peške, bogami, neću ići.

Dovode ogromnog konja.

OTAC IBI: Sad ću da ga uzjašem. Ovaj, da sednem na njega, jer mogu i da padnem. *(Konj se otme.)* Ej, zaustavite mog konja, gospode, pašću i ubiću se namrtvo.

33

MAJKA IBI: Baš je prava budala. Gle, ustao je. Ali opet je pao.

OTAC IBI: Fizičke mi čvoruge, upola sam mrtav. Svejedno, idem u rat i pobiću sve živo. Teško onom ko ne bude slušao. Ima da ga smotam, iščupam mu nos i zube, a i jezik.

MAJKA IBI: Mnogo sreće, gospodar-Ibi.

OTAC IBI: Da, zaboravih da ti kažem da ti ostavljam regentstvo. Ali poneo sam sa sobom knjigu troškova, i teško tebi ako me budeš krala! Ostavljam ti kopljanika Žirotena da ti pomaže. Zbogom, majko Ibi.

MAJKA IBI: Zbogom, oče Ibi. Ubij cara.

OTAC IBI: Bez greške. Tras po nosu, zube u gušu i čupanje jezika, ima čačkalicom uši...

Vojska odlazi uz fanfaru.

MAJKA IBI: *(sama):* A sad, kad je debeli pajac otišao, da svršimo posao, ubijemo Bugrelava i dođemo do blaga.

ČETVRTI ČIN

SCENA I

Grobnica starih poljskih kraljeva u varšavskoj katedrali

MAJKA IBI: Ma gde je to blago? Nijedna ploča ne zvoni šuplje. A baš sam lepo izbrojala trinaest ploča od groba Ladislava Velikog duž zida, i ništa. Mora da su me slagali. A evo ipak: ovde kamen zvoni šuplje. Samo hrabro, da iščupamo ploču. Drži se. Sad ćemo finansijskom kukom, to joj i spada u rok službe. Evo! Evo zlata među kostima kraljeva. Hajde sve u džak! Šta se to čuje? Da nema koga živog pod starim svodovima? Ne, nije to ništa, da požurimo. Sve da uzmemo. Bolje da novac izađe na svetlost dana nego da leži u grobovima bivših kraljeva. Eh, opet se nešto čuje. Ovo mi mesto ovde uliva silan strah. Ostalo zlato ću uzeti drugi put, vratiću se sutra.

GLAS *(iz groba Jana Sigismunda):* Nikad, majko Ibi!

Majka Ibi beži, užasnuta, odnoseći ukradeno zlato, kroz tajna vrata.

SCENA II

Trg u Varšavi

Bugrelav i njegove pristalice, narod i vojnici

BUGRELAV: Napred, prijatelji! Živeo Venceslav i Poljska! Matori razbojnik otac Ibi je otišao, ostala je samo ona veštica, majka Ibi, i njen kopljanik. Hoćete li da sa mnom na čelu vratite lozu mojih dedova?

SVI: Živeo Bugrelav!

35

BUGRELAV: Ukinuću sve poreze koje je zaveo odvratni otac Ibi.

SVI: Hura! Napred! Juriš u palatu da pokoljemo gadove!

BUGRELAV: Evo majke Ibi izlazi sa svojom gardom pred kapiju.

MAJKA IBI: Šta želite, gospodo? A, to je Bugrelav.

Svetina baca kamenje.

PRVI GARDIST: Svi su prozori porazbijani.

DRUGI GARDIST: Sveti Đorđe, umlatiše me.

TREĆI GARDIST: Do vraga, umirem.

BUGRELAV: Kamenujte ih, prijatelji!

KOPLJANIK ŽIRON: A, zar tako!

Izvuče mač i baci se u boj, napravi pokolj.

BUGRELAV: Da se ponesemo! Brani se, baci pištolj.

Vuku se.

ŽIRON: Mrtav sam!

BUGRELAV: Pobeda prijatelji! Drž'te majku Ibi!

Čuju se trube.

BUGRELAV: Evo plemića, stižu. Trkom, hvatajte vešticu!

SVI: Dok ne uhvatimo onog razbojnika!

Majka Ibi beži, svi je Poljaci jure. Pucaju puške, pljušti kamenje.

SCENA III

Poljska vojska maršira kroz Ukrajinu

Otac Ibi, Pil, Kotis, Renski, General Laši, vojska, vojnici i kopljanici

OTAC IBI: Do vraga, bestraga, netraga, izginućemo, umiremo od žeđi i umora. Gospodar-vojniče, ne budi vam zapovećeno, ponesite naš finansijski šlem, a vi, gospodar-kopljaniče, uzmite gomnarske makaze i fizički štapić da olakšate našoj osobi jer, ponavljam, mnogo smo umorni.

Vojnici poslušaju.

PIL: Hej, gospodaru, čudo još nema Rusa!

OTAC IBI: Za žaljenje je što nam stanje naših finansija ne dozvoljava da imamo kola po meri, jer smo, u strahu da ćemo umoriti svog konja, išli sve vreme peške vukući ga za uzdu. Ali, kad se vratimo u Poljsku, izmislićemo, zahvaljujući našem poznavanju patavizike i uz pomoć naših mudrih savetnika, kola na vetar da transportuju celu vojsku.

KOTIS: Gle, evo Nikole Renskog, juri kao bez duše.

OTAC IBI: Šta li mu je sad?

RENSKI: Sve je izgubljeno, gospodaru, Poljaci su se digli, Žiron ubijen, a majka Ibi je pobegla u planinu.

OTAC IBI: Ptico zaloslutnice! Prokleti baksuzu, buljino u dokolenicama! Gde li si iznašao te gluposti? A ko počini sve to čudo? Bugrelav, kladio bih se. Odakle dolaziš?

RENSKI: Iz Varšave, plemeniti gospodaru.

OTAC IBI: Gomnarče moje, kad bih ti poverovao, vratio bih natrag celu vojsku. Ali, gospodine momče, duža ti je kosa od pameti i mora da si sanjao koješta. Idi u predstraže, momče. Rusi nisu daleko i uskoro ćemo ukrstiti oružje, gomnarsko, finansijsko i fizičko.

GENERAL LAŠI: Oče Ibi, vidite li Ruse u ravnici?

OTAC IBI: Jes' bogami, Rusi. Sad sam viđen! Još da mogu da umaknem, ali jok, na ćuviku smo i ima da pljušti po nama.

VOJSKA: Rusi! Neprijatelji!

OTAC IBI: Hajde, gospodo, pripremimo se za borbu. Mi ćemo ostati na bregu i nećemo da padnemo u grešku da siđemo dole. Ja ću biti u sredi kao živa tvrđava, a vi ostali ćete da trčkarate oko mene. Preporučujem vam da napunite puške koliko god mogu da se napune, jer osam metaka može da ubije osam Rusa, a toliko ću ih manje imati ja na vratu. Pešadija će peške da ode u podnožje brega, da sačeka Ruse i pomalo ih poubija, a konjica će biti pozadi da uleti u gužvu, artiljerija će biti oko vetrenjače, ove ovde, da bije u gomilu. A mi, mi ćemo biti u vetrenjači i kroz prozor ćemo pucati iz našeg poreskog pištolja. Vrata ćemo poduprti fizičkom palicom, i teško onome ko pokuša da uđe.

GENERAL LAŠI: Vaša će naređenja, gospodaru Ibi, biti izvršena.

OTAC IBI: Dobro je, mi ćemo da pobedimo. Koliko je sati?

Čuje se ku-ku tri puta.

GENERAL LAŠI: Jedanaest ujutru.

OTAC IBI: E, da se ruča, jer Rusi neće napasti pre dvanaest. Recite vojnicima, gospodine generale, da odu poradi sebe, da zadovolje svoje potrebe i da zapevaju pesmu finansa.

Laši odlazi.

VOJNICI I KOPLJANICI: Živeo kralj Ibi, naš veliki Finansijer. Ting, ting, ting, ting, ting, ting, ting, ting, ting, tating.

OTAC IBI: Divni ljudi, baš ih volim, prosto obožavam. *(Rusko đule doleti i slomi krilo vetrenjače.)* Jao, strah me je, gospode, mrtav sam! Ipak, biće da nisam.

SCENA IV

Isti, jedan kapetan, zatim ruska vojska

JEDAN KAPETAN: Gospodar-Ibi, Rusi napadaju.

OTAC IBI: Pa šta, šta ja tu mogu? Nisam ih ja doveo. Ipak, gospodo krvopije, spremimo se za bitku.

GENERAL LAŠI: Evo i drugog đuleta!

38

OTAC IBI: A jok, ne ostajem ja ovde. Pljušti olovo i gvo-
žđe, moglo bi da dođe do štete na dragocenoj nam li-
čnosti. Da se siđe.

Svi trčeći silaze. Bitka počinje, obavi-
jaju ih oblaci dima u podnožju brega.

JEDAN RUS *(udarajući):* Za boga i cara!

RENSKI: Ubi me!

OTAC IBI: Napred! Čekaj dok te uhvatim, gospodine, jer
si me povredio, čuješ li? Pijanduro, pucaš ćorcima.

Rus: Ma šta kažeš!

Puca iz revolvera na njega.

OTAC IBI: Ah! Oh! Ja sam ranjen – perforiran, sekundi-
ran, administriran i sahranjen. Gle, ipak nisam! A,
sad ćeš ti dobiti svoje! *(Cepa ga.)* Evo ti! Hoćeš još?

GENERAL LAŠI: Napred, samo snažno, forsirajte jarak, po-
beda je naša.

OTAC IBI: Ma šta kažeš? Čini mi se da na glavi imam
dosad više čvoruga no lavorika.

RUSKA KONJICA: Ura, mesta za cara!

Nailazi car u društvu prerušenog Bor-
dira.

JEDAN POLJAK: Gospode, evo cara, spasavaj se ko može.

DRUGI: A ko ne može? Prešao je i jarak!

PRVI: Bum, bum, ona oficirčina pokosi četvoricu.

BORDIR: Sad ću ja vama da pokažem. Na, Jane Sobjeski,
evo ti. De, de, vi drugi.

Napravi pokolj među Poljacima.

OTAC IBI: Napred, prijatelji, hvatajte naduvenka, de, na-
pravićemo mi pekmez od Moskovljana. Pobeda je
naša, za Crvenog orla napred!

SVI: Ura, napred, sunce im jarko, drž'te dugajliju.

BORDIR: Svetog mi Đorđa, padoh.

OTAC IBI *(Prepoznaje ga.):* A ti li si to, Bordire. Prijatelju
moj, baš mi je milo, a i ovima ovde, što se nađosmo.

Peći ćemo te na tihoj vatri. Gospodo finansi, palite vatru. Jao, uh, drž' ne daj, ubiše me iz topa. I oprosti nam grehe naše...

BORDIR: Ma to su ćorci.

OTAC IBI: Ti mi se podsmevaš! Ovamo s njim!

Baca se na njega i rastrgne ga.

GENERAL LAŠI: Napredujemo na svim frontovima.

OTAC IBI: Vidim, vidim, ali ja ne mogu više, izudarali su me, hoće da sednem na zemlju. Gde li mi je boca?

GENERAL LAŠI: Uzmite carevu, oče Ibi!

OTAC IBI: Idem iz ovih stopa! Sabljo gomnarijo, na posao, a ni ti, finansijska kuko, ne zaostaj. Neka se fizička palica istakne i podeli sa drvcetom slavu klanja, bušenja i eksploatacije moskovskog cara! Napred, gospodine naš finansijski konju!

Jurne na cara.

JEDAN RUSKI OFICIR: Čuvajte se, Veličanstvo!

OTAC IBI: Drži se sad! Jao, uh, nemojte! Izvinite, gospodine, pustite me, nisam hteo!

Otac Ibi beži, car ga goni.

OTAC IBI: Jao, majko božja, ovaj divljak me juri kao da je pobesneo. Šta li sam mu uradio? Još jarak da preskočim. On za mnom, a jarak preda mnom. Hrabro, da zatvorim oči.

CAR: Divno, ja sam upao u jarak!

POLJACI: Ura! Car je pao!

OTAC IBI: Uh, ne smem ni da se osvrnem! Unutra je i složili su se po njemu! Hajde. Poljaci, udrite samo, široka su mu leđa, razbojniku! Ja ne smem ni da gledam! A ipak se naše predviđanje potpuno ostvarilo, fizička palica je čuda činila i sigurno bih ga namrtvo ubio da se nije neobjašnjivi strah suprotstavio našoj hrabrosti i uništio je. Ali smo morali iznenada da promenimo pravac, i svoj pad dugujemo samo svojoj veštini konjanika i čvrstini našeg finansijskog konja,

40

čija se brzina može samo sa izdržljivošću da meri i čija hitrina doprinosi brzini, kao i dubini jarka koji se vrlo umesno našao pod neprijateljem nas ovde prisutnog gospodara finansija. Sve je to vrlo lepo, ali niko me ne sluša! Gle, opet počinje!

Konjica juriša i oslobađa cara.

GENERAL LAŠI: E, ovoga puta je pravo rasulo.

OTAC IBI: Sad je prilika da se utekne. Dakle, gospodo Poljaci, napred! Ovaj, hoću da kažem nazad.

JEDAN POLJAK: Spasavaj se!

OTAC IBI: Hajde, na put. Uh, kakva gužva, bežanje, ma, kako da se izvučemo iz ovog čuda. *(Guraju ga.)* Ma, slušaj ti, pazi šta radiš, nemoj da ti pokažem ko je GLAVNI POREZNIK. Otišao je, dobro, da kidamo, i to brzo, dok me nije video general Laši.

On izlazi, zatim se vidi kako car i ruska vojska jure za Poljacima.

SCENA V

Pećina u Litvaniji
Pada sneg

Otac Ibi, Pil, Kotis

OTAC IBI: Auh, da psećeg vremena, puca drvo i kamen i zlo, bogami, po našu dragocenu ličnost gospodara finansija!

PIL: Eh, gospodar-Ibi, povratiste li se od straha i bežanja?

OTAC IBI: Ja, nije me više strah, ali bežim i dalje.

KOTIS *(za sebe):* Pih, kakva svinja.

OTAC IBI: P, uvaženi Kotise, kako vaše uho?

KOTIS: Onoliko dobro koliko to može da bude kad mu je zlo, s obzirom na olovo koje ga vuče ka zemlji, jer nismo mogli da iščupamo metak.

OTAC IBI: Ako, tako ti i treba! I ti si od onih što bi sve da slože po drugima. Mi smo se pokazali na najvišem nivou i, ne izlažući našu dragocenu ličnost, posekli smo svojeručno četiri neprijatelja, ne računajući sve one koji su već bili mrtvi, a mi smo ih dovršili.

KOTIS: Znate li, Pile, šta je bilo sa malim Renskim?

PIL: Pogodilo ga tane u glavu.

OTAC IBI: Kao što bulku i maslačak pokosi u cvetu mladosti nemilosrdna kosa nemilosrdnog kosača koji nemilosrdno kosi njihovu milosrđa dostojnu glavicu tako je i mali Renski bio bulkica, a dobro se borio, ali što jest – jest, bilo je mnogo Rusa.

PIL i KOTIS: Eh, gospodine.

ODJEK: E-eh.

PIL: Šta je to? Naoružajmo se dvogledom!

OTAC IBI: A ne, dosta je bilo, šta, opet Rusi, kladim se. Dosta mi ih je. Ma, šta, prosto, ako me dohvate, ja ću njih da smotam.

SCENA VI

Isti, ulazi jedan medved

KOTIS: Uh, gospodaru finansija.

OTAC IBI: Gle, vidite što je slatka kuca. Baš je zlatna.

PIL: Čuvajte se. Uh! Koliki je medved, da mi je municije!

OTAC IBI: Šta, medved? Užasna zver. Ej, jadan li sam, gde će da me pojede. Gospode, sačuvaj me. Evo, ide na mene. Ne, uhvati Kotisa. Uh, lakše mi je.

Medved se baca na Kotisa. Pil ga napada nožem. Ibi se penje na stenu.

KOTIS: Ne daj, Pile! U pomoć, gospodar-Ibi!

OTAC IBI: Jok ja! Snalazi se, prijatelju, zasad ćemo očitati jedan Očenaš. Ako je do jedenja, da ide po redu.

PIL: Uhvatio sam ga, držim ga.

KOTIS: Drži ga, prijatelju, počinje da me pušta.

OTAC IBI: Nek je sveto ime Tvoje.

KOTIS: Puštaj, stoko!

PIL: Ja, ujede me. O, Gospode, spasi nas, ubij me.

OTAC IBI: Nek bude volja tvoja.

KOTIS: Uspeo sam da ga ranim.

PIL: Ura, krvari.

> *Usred dreke kopljanika medved riče*
> *od bola a Ibi mrmlja i dalje.*

KOTIS: Drži ga dobro, da dohvatim bombu.

OTAC IBI: Hleb naš nasušni daj nam danas...

PIL: Dovršavaj ga, ne mogu više.

OTAC IBI: ... kao što i mi opraštamo dužnicima svojim.

KOTIS: Gotov je!

> *Odjekne pucanj i medved pada mrtav.*

PIL i KOTIS: POBEDISMO!

OTAC IBI: ... Već izbavi nas od lukavago, amin. Ma je l'
sigurno mrtav? Mogu li da siđem odavde?

PIL *(prezrivo):* Kako vam drago.

OTAC IBI *(silazeći):* E, dakle, to što ste živi i što još ho-
date po snegu litvanskom, možete da zahvalite ve-
likodušnoj vrlini gospodra finansija, koji se namučio,
pogrbio i promukao, čitajući Očenaš za vaše spase-
nje i koji je isto tako vešto vitlao duhovnim mačem
molitve kao što je ovde prisutni Kotis vitlao ovoze-
maljskim oružjem. Čak je naše požrtvovanje bilo i
veće jer se nismo kolebali da se uspenjemo na visoku
stenu, da bi našim molitvama put do neba bio kraći.

PIL: Zvekane, odvatni!

OTAC IBI: E, baš je velika zver. Zahvaljujući meni dođo-
ste do večere. Ej, kolika mešina, gospodo! Grcima bi
tu bilo šire nego u trojanskom konju, i malo je treba-
lo pa da rođenim očima proverimo njegov unutrašnji
kapacitet.

PIL: Umreh od gladi. Šta ćemo da jedemo?

PETI ČIN

SCENA I

Noć, Otac Ibi spava, ulazi Majka Ibi i ne vidi ga.
Mrak je

MAJKA IBI: Najzad se evo sklonih, ovde sam sama, a nije
šteta, ali što sam se natrčala: prođoh čitavu Poljsku
za četiri dana! Sve me nesreće skoliše najednom.
Čim ode ona debela budalina, odoh u kriptu da se
obogatim. A skoro odmah posle toga samo što me ne
rastrže onaj Bugrelav i njegove pobesnele pristalice.
Izgubih svog viteza kopljanika Žirona, koji je toliko
bio zaljubljen u moje draži da se topio od miline kad
me vidi, a čak – rekli su mi ljudi – i kad me ne vidi,
što je vrhunac nežnosti. Dao bi se prepoloviti nadvo-
je za mene, jadni mladić. Dokaz je što su ga isekli
ljudi Bugrelava načetvoro. Fiju, tras, tras, tras, uh!
čini mi se da mrem. A ja se, dakle, dadoh u beg, a za
mnom razbesnela rulja. Napustih dvor i stignem do
Visle, na svim mostovima straže, ja preplivam reku,
nadajući se da ću tako otresti se svih progonilaca. Ali
se skupi plemstvo sa svih strana i pojuri za mnom.
Hiljadu puta samo što nisam poginula, pritisnuta kru-
gom ozlojeđenih Poljaka. Najzad zavarah njihov bes
i posle četiri dana bežanja kroz sneg, preko zemlje
koja je nekada bila moja kraljevina, stigoh ovamo da
se sklonim. Nisam ni jela ni pila ova četiri dana. Bu-
grelav me je gonio u stopu. Mrtva sam od umora i
hladnoće, ali baš bih volela da znam šta je sa mojim

debelim pajacom, hoću da kažem, mojim uvaženim suprugom. Ala sam se nakrala njegovih para. Nije da sam ga potkradala! I sam poreski konj mu je crkavao od gladi, nije jadnik često video zob. Ha, ha, baš je smešno. Ali, vaj, vaj, izgubila sam svoje blago. Ostalo je u Varšavi, neka ide da ga traži ko hoće.

OTAC IBI *(Počinje da se budi.):* Uhvatite majku Ibi, secite joj uši.

MAJKA IBI: Oh, bože, gde sam to! Gubim glavu. Oh, ne, gospode. Hvala nebu, sad nazirem gospodina oca Ibija, spava smiren. Hajde da se pravim dobra. Pa, debeljko moj, jesi li dobro spavao?

OTAC IBI: Vrlo rđavo. Baš je ovaj medved bio tvrd. Borba proždrljivih protiv tvrdokornih, ali proždrljivci pojedoše do kraja i poždraše tvrdokorne, kao što ćete videti kad svane, čujete li, plemeniti vitezovi?

MAJKA IBI: Šta to trabunja? Još je blesaviji nego kad je polazio. Na koga se to dere?

OTAC IBI: Kotise, Pile, odgovarajte, balegari jedni! Gde ste? Ah, strah me je. Ma, čini mi se da je neko govorio. Ko to govori? Nije, valjda, medved? Gde li su mi šibice? A jeste, izgubio sam ih u borbi.

MAJKA IBI *(za sebe):* Da iskoristim situaciju i noć, pa da mu se predstavim kao natprirodna vizija i tako da nam obeća oproštaj za naše lopovluke.

OTAC IBI: Ma svetog mi Ilije, neko govori, dabogda me obesili.

MAJKA IBI *(promenjenim glasom):* Da, gospodine Ibi, neko govori zaista, i glasnik arhanđela koji treba mrtve iz pepela i praha da podigne ne bi govorio drugačije. Slušajte ovaj strogi glas. To je glas Arhanđela Gavrila koji samo dobru može da vas nauči.

OTAC IBI: Auh! Jeste, istina je!

MAJKA IBI: Ne prekidajte me, ili ću ućutati, a onda je kraj vašoj mešini.

OTAC IBI: O, mene tikvana, ćutim, ni reči više. Nastavite, gospođo Ukazo.

MAJKA IBI: Rekosmo, gospodine Ibi, da ste vi debeljko.

OTAC IBI: E ovo je i suviše, vidim dobro da si ti to, glupa zloćo. A otkud ti, do đavola, ovde?

MAJKA IBI: Žiron je poginuo a Poljaci su me oterali.

OTAC IBI: A mene su Rusi oterali: veliki se duhovi nalaze uvek.

MAJKA IBI: Bolje reci da je jedan veliki duh sreo jednog magarca.

OTAC IBI: Ja, a sad će da sretne jednog papkara.

Baca medveda na nju.

MAJKA IBI: *(Pada pod teretom medveda.):* O bože moj, kakav užas, umirem, gušim se, on me ujeda, guta, vari.

OTAC IBI: Ma, mrtav je, ludo. E, a možda i nije. O, gospode, ne, nije mrtav, da se beži. *(Opet se penje na stenu.)* Oče naš koji si na...

MAJKA IBI *(Oslobađa se medveda.):* Gle, kud nestade?

OTAC IBI: O, gospode, evo je opet. Glupača jedna, nikako ne možeš da je se oslobodiš. Ma, da li je taj medved mrtav?

MAJKA IBI: Jeste, magarčino, jeste, već se sav ohladio. Otkud on ovde?

OTAC IBI *(zbunjen):* Ne znam. Ovaj, jest, znam. Hteo je da pojede Pila, Kotisa i mene, a ja ga ubih Očenašem.

MAJKA IBI: Pil, Kotis, Očenaš. Ma šta je to? Poludeo je, finansija mi!

OTAC IBI: Sasvim je tako kao što kažem. Samo si ti glupača, žulja mi mog.

MAJKA IBI: Hajde, ispričaj mi kako si ratovao, oče Ibi.

OTAC IBI: E to, bogami, neću. Dugačko je. Sve što znam to je da me je uprkos mojoj neporecivoj hrabrosti ceo svet pretukao.

MAJKA IBI: Kako, čak i Poljaci?

OTAC IBI: Vikali su: živeo Venceslav i Bugrelav. Mislio sam da će me rastrgnuti. Pobesneli psi. I Nikolu Renskog su ubili.

MAJKA IBI: Baš me briga! Znaš da je Bugrelav ubio viteza Žirona.

OTAC IBI: Baš me briga! Ubili su i jednog Lašija.

MAJKA IBI: Baš me briga!

OTAC IBI: Ma, slušaj ti, dovlači se ovamo, strvino. Klekni pred svog gospodara. *(Dohvati je i baci na kolena.)* Sad ćeš da vidiš šta je mučenje.

MAJKA IBI: O, o, gospodine Ibi.

OTAC IBI: Jao, jao, jesi li završila? Ja sad počinjem krivljenje nosa, čupanje kose, čačkalice u uši, vađenje pameti kroz pete, sečenje zadnjice na kaiševe, delimično ili potpuno vađenje kičmene moždine (kad bi joj bar malo kičme davala), ne zaboravljajući otvaranje plivajuće bešike i najzad glavousekovanje po svetom Jovanu, sve po svetom jevanđelju Starog i Novog zaveta, sređeno, popravljeno i dopunjeno izdanje od ovde prisutnog gospodara finansija. Odgovara li ti?

Navali na nju.

MAJKA IBI: Milost, gospodar-Ibi.

Velika buka na ulazu u pećinu.

SCENA II

Isti, Bugrelav uleće u pećinu sa svojim vojnicima

BUGRELAV: Napred, prijatelji, živela Poljska.

OTAC IBI: Gle, gle, ma, čekaj malo, gospodine Poljski. Čekaj da završim sa svojom boljom polovinom.

Bugrelav *(Udari ga):* Evo ti, kukavice, izelice, neverice, izdajice.

OTAC IBI *(Odgovara mu.):* Na tebi, poljačino, husarčino, pijančino, tartarčino, smrdljivčino, kopilčino, glupačino.

MAJKA IBI *(I ona ga bije.):* Na.

Vojnici napadaju Ibije, ovi se brane kako mogu.

OTAC IBI: Bogovi, kakvo pojačanje.

51

MAJKA IBI: Imamo i mi laktove, gospodo Poljaci.

OTAC IBI: Ma, sunca mi jarkog, hoće li ovom biti kraja na kraju krajeva! Još jedan? Eh, da mi je tu poreski konj.

BUGRELAV: Udrite po njima, udrite.

GLASOVI SPOLJA: Živeo otac Ibi, naš genije finansijski.

OTAC IBI: A, evo ih, ura! Živeli ibijevci... napred, dolazite, potrebni ste, gospodo finansisti.

Ulaze ibijevci i skaču u gužvu.

KOTIS: Napolje, Poljaci.

PIL: Hik, evo nas opet, gospodaru finansijski. Napred, gurajte samo, do vrata. A kad izađete, vi u trk.

OTAC IBI: Tu sam majstor. Ma kako samo biju!

BUGRELAV: Gospode, ranjen sam.

ST. LEŠČINSKI: Nije to ništa, sire.

BUGRELAV: Ne, samo sam se ošamutio.

JAN SOBJESKI: Udrite, udrite, samo udrite, beže ka ulazima, bednici.

KOTIS: Tu smo, hajte sa ostalima, jer tu je, odnosno već vidim nebo.

PIL: Hrabro, gospodar-Ibi.

OTAC IBI: Uh, napunio sam gaće. Napred, bokca mu, seci, deri, meri, žderi, roga mi ibijevskog. Eh, već ih je manje.

KOTIS: Još samo dvojica čuvaju ulaz.

Otac Ibi *(Obori ih udarajući ih medvedom.):* Jedan i dva, uf, evo me napolju. Da bežimo, hajde, vi ostali, življe, življe.

SCENA III

Scena predstavlja provinciju Livoniju pod snegom.

Ibijevci i ostali beže.

OTAC IBI: Rekao bih da su odustali od jurenja za nama.

MAJKA IBI: Da, Bugrelav je otišao da se kruniše.

OTAC IBI: Pih, baš mu ne zavidim na toj kruni.
MAJKA IBI: Imaš pravo, oče Ibi.

Nestaju u daljini.

SCENA IV

Paluba običnog broda na Baltiku. Na palubi Ibi i njegovi.

KAPETAN: Divan vetar!
OTAC IBI: Činjenica je da jurimo upravo čudesnom brzinom, verovatno sa milion čvorova na sat, a kod tih je čvorova dobro što se ne dreše kad ih zavežeš. Istina, imamo vetar u krmu.
PIL: Kakava jadna budala.

Nailazi veliki talas, lađa poleže i more se zapeni.

OTAC IBI: O bože, kud ćemo još da se izvrnemo, ma, on ide naopako, pašće ovaj tvoj brod.
KAPETAN: Svi pod vetar, spusti veliko jedro.
OTAC IBI: Ma, nemojte, pobogu, svi na istu stranu. Ne valja to. Zamislite samo da vetar promeni stranu, odosmo svi na dno mora i ribe će da nas pojedu.
KAPETAN: Juri prema obali, pritegni, punim jedrima.
OTAC IBI: Juri, juri, meni se žuri. Ma čujete li? Ti ćeš biti kriv, tvrda glavo kapetanska, ako ne stignemo. Ma, čekaj, ja ću sad da komandujem. Drži krmu. Bože pomozi! Pola-zak, vetar u pramac, vetar u krmu. Razapni jedra, skupljaj jedra, krma gore, krma dole, krma levo, krma desno. Vidite li kako ide! Pramcem kroz talase i sve će biti dobro.

Svi se kikoću, vetar je svež.

KAPETAN: Dajte svetla, pritegni sponac bočno.

straha. Bio je ili krajnje i bolesno čist ili krajnje *etc* neopran i smrdljiv. Nepodnošljiv i simpatičan. Mnogi opet tvrde da je bio ženomrzac. Može biti da to i nije protivrečno s podatkom da je voleo afere s gigantskim nimfomankama.

Da, budući pisac priča, pesama, romana, operskih libreta, rasprava iz kvantne fizike (koja potiče iz 'patafizike – *vid.* još o njoj kasnije), bogoslovskih radova (na primer, o raspeću posmatranom kao biciklistička trka uzbrdo), svakojakih gomnarija, izdajnik tajni kako se konstruiše vremenska mašina, prevodilac, crtač i grafičar, prvi je istinski, među ostalima, pecaroš na Seni. Na obali Sene je imao svoju kolibu i lovio je ribe koje je precizno zvao „ono što roni i pliva". Za sve je imao pravi naziv, taj *on* veoma inteligentan, učen, ingeniozan i neuračunljiv. Govorio je o sebi uvek u trećem licu: „On je danas bio na vodi i zabacivao udicu." Ili: „On je danas opet sreo carinika Rusoa, ali bolje da nije." Ili: „On je jutros snevao Albrehta Direra i doručkovao apsint, vozio je bicikl, to jest ono što se kotrlja sa šest sedišta, obilno je ručao apsint, ulovio je deveriku, i svaka pariska gozba može da računa na njega koji je večno gladan apsinta i žedan apsinta." Kad bi potrošio sav apsint Pariza, udisao je eter. Kad više nije mogao ni da stoji, legao bi i nastavio. Svečano je izjavljivao da su anti-alkoholičari nesrećnici i čeljustima vode, tog groznog otrova u kojem se rastvaraju, korodirajući, sve supstance, pa je ona i izabrana za pranje i ispiranje, a samo kapljica vode dodana bistroj tečnosti kakva je apsint već ga kalja.

Šta god rekli o njemu, uopšte nije bio anti-alkoholičar, ali ni alkoholičar, samo je srkao apsint i tako sistematski zaradio tuberkulozni meningitis od kojeg će, iako to ne mora biti izvesno, umreti u svojoj trideset i četvrtoj godini, i to, kao da je znao, baš na dan Svih svetih, kad su jesenje Zadušnice, 1. novembra 1907. godine, u Parizu, zatraživši u poslednjem dahu, trgnuvši se iz kome, ne sveštenika, čak ni čašicu apsinta, nego čačkalicu. Zašto čačkalicu? To sam on zna. Osnovana pretpostavka je da mu se prohtelo da pročačka zube, kakav je inače samrtni red. Neko moli za petla, a on moli za čačkalicu (u tome je, verovatno, razlika između metafizike i 'patafizike). Pre toga je stigao i da se fotografiše kao leš i tu razglednicu razašalje prijateljima. Sahranjen je u prvu nedelju koja je padala. Neradni dan, da se ljudi provesele. Do groblja ga je, u Banjeu, ispratila beskrajna i simetrična kolona prijatelja, biciklista i probrano društvo ribolovaca i predstavnika umetnosti, koje je, sve, delio na parne i neparne, kao i knjige.

Pozorište koje oživotvorava bezlične maske jedino je za one koji su dovoljno muževni da stvore nov život: bilo kao sukob strasti tananijih od onih koje već poznajemo, ili kao potpuno nov karakter

U godini smo dve hiljade i prvoj: pre sto i pet godina, na decembarski dan kad će se tačno pola stoleća docnije roditi *Jovica Aćin,* prepisivač ove kompilacije, to jest ovog što samo sebe zapisuje, prvi put je izveden komad *Kralj Ibi* u Pozorištu Delo kojim rukovodi Linje-Po. Plakat za premijeru nacrtao je lično Alfred Žari. Sklon eksperimentisanju u teatarskom izrazu, Linje-Po se rukovodio motoom *reč stvara dekor.* I to je naveliko korišćeno i u slučaju *Kralja Ibija* (odlični Žemije je igrao ulogu oca Ibija, a Lujza Frans ulogu majke Ibi), posle čije premijere je, jasno, Linje-Po digao ruke od eksperimentisanja i posvetio se dalekosežnim i ubrzo zaboravljenim poduhvatima. Takav komad se na svetu nikad ranije nije video. Sutradan su se po novinama i u kafanama rasplamsale prepirke. *Kralj Ibi* je za autorovog života izveden samo još jednom. U pozorištu Panten, 1898. godine, ali odigrale su ga marionete. Dotad je Žari napisao i drugi deo ibijevske trilogije, *Ibi rogonja.* Treći deo, *Zatočeni Ibi,* dovršio je septembra 1899. godine. Zbog žestoke reakcije nije mogao lako da nađe izdavača. Posle svoje premijerne žive izvedbe, i posle marionetske verzije, *Kralj Ibi* je ponovo postavljen na pozornicu tek godinu dana posle piščeve smrti.

Lik Ibija vodi poreklo iz Školske satire. Žari je kao dečak pohađao licej Ren, gde je sa svojim drugom iz razreda, Anrijem Morenom, slobodno vreme provodio u izmišljanju priča o njihovom profesoru fizike, izvesnom Feliksu Federiku Eberu, koji je imao tu nesreću da predaje Žariju, te da je

57

bio veoma debeo i trapav, prava prilika za ismevanje. O čiči Ebu Moren je sa svojim bratom Šarlom, još pre dolaska Žarija u licej, već napisao satirični igrokaz pod naslovom *Poljaci*. Osnovni zaplet *Poljaka* je isti sa zapletom u *Kralju Ibiju*. Međutim, Žari je, tek petnaestogodišnjak, stvar znatno razvio, učinio je bizarnijom i halucinantnijom, čvršće odredio prirodu lika i nadahnuo ga svojim duhom. Od parodiranja Šekspirovog *Makbeta* nastao je „alkemijski komad", groteskno humoran, na račun svega što je prizemno i nedotupavno u čovečanstvu. Da bi sve bilo jasnije, Žari je na Ibijevoj stomačini nacrtao koncentrične krugove kao prikaz „simultanih stanja praznine". Ne krugove, nego spiralu!

Bog je tangencijalna tačka između
nule i beskonačnosti

Zahvaljujući Ibiju, Žari je utemeljio dotad nepoznatu nauku poznatu pod imenom 'patafizika, čiji je predmet „kraj svih krajeva" i koja je naposletku „nauka o imaginarnim rešenjima, koja simbolički pripisuje svojstva objektima, opisanim u njihovoj virtualnosti pa do njihovih fizičkih karakteristika". Potanko ju je izložio u romanu *Podvizi i pogledi dr Faustrola, patafizičara*. Doktor Faustrol je, za razliku od Ibija, pravi učenjački pustolov koji seže u bezdane dubine raznolikih zagonetki sveta. Istovremeno, njegov asistent je veliki psoliki babun Bos-de-Naž koji od ljudskog govora jedino zna da kaže: Ha-ha.

I evo šta se može izvući o čemu je reč kad govorimo o 'patafizici:

1. 'Patafizika je nauka o oblasti s one strane metafizike; odnosno, 'Patafizika je onoliko daleko s one strane metafizike koliko je metafizika daleko s one strane fizike – u jednom ili drugom smeru.

Razume se, metafizika je termin koji znači tačno ono što neko hoće da znači. Za Aristotela ona najpre znači područje spekulacije koju on smešta s one strane fizike. Ono što je Žil Vern učinio s fizikom, Žarijev doktor Faustrol je postigao s metafizikom.

2. 'Patafizika je nauka o posebnom, o zakonima koji vladaju izuzecima. Povratak na posebno pokazuje da svaki događaj određuje neki zakon, neki poseban zakon. 'Patafizika povezuje svaku stvar i svaki događaj ne s nekom opštošću, nego s posebnošću koja od svakog pojedinačnog događaja i svake pojedinačne stvari čini izuzetak.

3. 'Patafizika je nauka o imaginarnim rešenjima. U oblasti posebnog, svaki događaj potiče od beskonačnog broja uzroka. Sva rešenja su, međutim, zasnovana na proizvoljnom izboru, to će reći na naučnoj imaginaciji.

4. Za 'Patafiziku sve stvari su jednake.

Patafizičar ne samo što ne prihvata ikakvo konačno objašnjenje univerzuma, nego on odbacuje i sve vrednosti, moralne, estetske ili neke treće. Načelo univerzalne ekvivalentnosti među suprotnostima svodi svet u njegovoj patafizičkoj realnosti jedino na posebne slučajeve.

5. 'Patafizika je, po gledištu, nepobitna. Prva od grešaka koja je činjena i ranije, za Žarijevog života, i danas, jeste da je 'Patafizika delo humora, dok zapravo s njim ona nema nikakve veze, ni s njim ni s nekom psihičkom sumanutošću. Za nju je, naravno, život na izvestan način apsurdan, i uzimati ga ozbiljno u tom vidu predstavlja lucidnost višeg reda. Da, za nju jedino što je istinski ozbiljno jeste komično. Ne da se opovrgnuti. Otuda komično uvećava patafizičko bogatstvo samog života.

6. Sve stvari su patafizičke; tek nekolicina osoba upražnjava 'Patafiziku svesno. Između, recimo, običnih smrtnika i onih koji su nazreli patafizičku prirodu sveta nema neke razlike u vrednosti, jedino u statusu. Žari je zamislio jedan *Collegium Pataphysicum*, vrhunsku patafizičku instituciju koja bi radi istraživanja i poučavanja okupljala najveće patafizičke umove. Za taj Kolež za patafiziku mogli bismo reći da nije ni bolji ni gori od ma kakve postojeće akademije nauka ili slične ustanove. U stvari, nema više simbola, jer on implikuje da postoje više ili manje značajne reči. Od sada su reči sve patafizičke, jer su sve međusobno jednake.

7. S one strane 'Patafizike nema ničega; 'Patafizika je poslednja odbrana.

Zato neka svako živi svoj život kao izuzetak.

CIP – Каталогизација у публикацији
Народна библиотека Србије, Београд

840-2

ЖАРИ, Алфред

    Kralj Ibi ili Poljaci : drama u pet činova / Alfred Žari ; [s francuskog
prevela Ivanka Pavlović]. – Beograd : Rad, 2001 (Lazarevac : Elvod-print).
– 61 str. ; 21 cm. – (Reč i misao ; knj. 523)

Prevod dela: Ubu Roi ou Les Polonnais / Alfred Jarry. – Str. 55–60: Podvizi
i pogledi patafizičkog doktora Žarija, bicikliste uzbrdo / Jovica Aćin.

ISBN 86-09-00744-8

ID=92318988

Izdavačko preduzeće
RAD
Beograd, Dečanska 12

*

Glavni urednik
NOVICA TADIĆ

*

Grafički urednik
MILAN MILETIĆ

*

Nacrt za korice
JANKO KRAJŠEK

Digitalizacija slova i korice
DARKO STANIČIĆ

*

Za izdavača
SIMON SIMONOVIĆ

*

Štampa
Elvod-print, Lazarevac